素朴で優しいウール糸の刺繍図案

新装版 WOOL STITCH

樋口 愉美子

❖ はじめに

本書では、ウールの刺繍糸と

スタンダードな 25 番刺繍糸を組み合わせて作る刺繍を提案しています。

日頃から広い面積にたっぷり大きく刺繍がしたいと思い、

ふっくらとした太いウール糸を使い始めました。

使ってみると、ウール糸はいつも使うリネン生地にとてもよくなじみます。

素朴で優しい風合いのウール糸を寒い時期だけに使うのではなく、

1 年を通して使いたいと思い、25 番糸と組み合わせました。

25 番刺繍糸とウール糸を組み合わせることで、

模様に強弱が出て立体感が増します。

さらに、苦手な方も多いサテンステッチも少ない針数で刺せて

ボリュームも出ます。

この本には、多くの方に楽しんでいただけるよう、

様々な図案とそれを使った雑貨を紹介しています。

毎日の生活の中に、ウール糸を取り入れて、

豊かな刺繍の時間を過ごしていただけたらと思います。

CONTENTS

FLOWER PATTERN / ベルト

how to page 42

可愛らしい花のパターン模様。
甘めな図案もシックな色使いで大人っぽく。

IVY PATTERN / 横長ポーチ

how to page 44

たくさんの蔦が這うパターン模様。
シンプルな色使いで、
大人びたポーチに仕立てました。

THISTLE / ニードルケース

how to page 46

とげのあるアザミの、ふっくらとした刺繍。
針をしまうニードルケースに仕立てました。

ANEMONE

how to page 47

鮮やかな色と黒色の組み合わせの図案。
ワンポイントに使うのもオススメ。

ROOSTER

how to page 48

元気に歩き回るおんどりの刺繍。
アウトラインステッチで柔らかい毛並みを表現しています。

HOLY NIGHT / クリスマスオーナメント

how to page 49

聖夜の静けさが漂う森に、輝くひとつ星。
プレゼントを待つ子どもたちへ、靴下のオーナメント。

LITTLE FLOWER / ニット帽

how to page 52

下書き無しでも刺せる小さな小さな花模様。
初めての方に、まずは
挑戦してみてはいかがでしょう。

MARGUERITE / ファスナーポーチ

how to page 53

清楚な純白のマーガレットは、
黒リネンで大人っぽいポーチに仕立てました。

FLOWER GARDEN / クッション

how to page 54

サテンステッチのふっくらした草花。
可愛らしい図案も、1色で刺すことで大人っぽく仕上がります。

POPPY / トートバッグ

how to page 56

どこかおどけたポピーの図案。
ポップな色合いで存在感のあるトートバッグに。

CANDY / カーディガン

how to page 57

ポップな縞模様のキャンディーは、思いっきりカラフルな色を選んで
子ども服に散らして、楽しい時間を過ごしましょう。

TREE / ティーポットカバー

how to page 58

生き生きとした葉っぱが個性的な木々の図案。
葉は、一枚一枚ふっくら刺すのがポイントです。

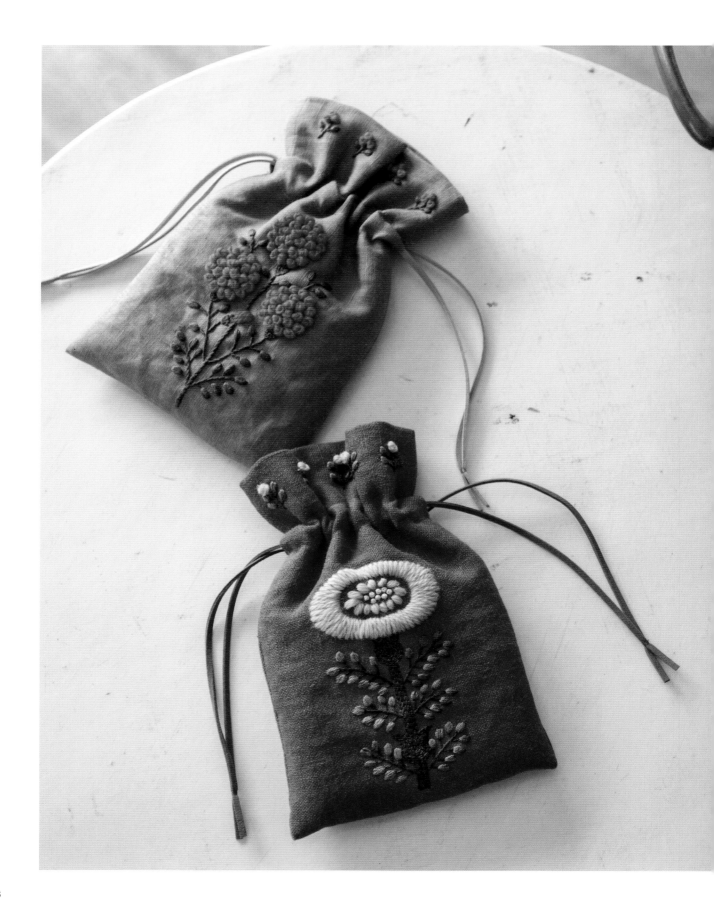

DAHLIA
DAISY / 巾着

how to page 60

鮮やかなダリアと、シンメトリーなデイジーは
存在感たっぷり。
袋口にも模様を施して、贅沢な巾着に。

PIGEON / ギフトカード

how to page 63

幸せを呼ぶ鳩の図案は、
カードに仕立てて大切な方へ贈り物に。

LEAF

how to page 64

涼しげな葉の図案。
葉はストレートステッチでシンプルに表現しています。

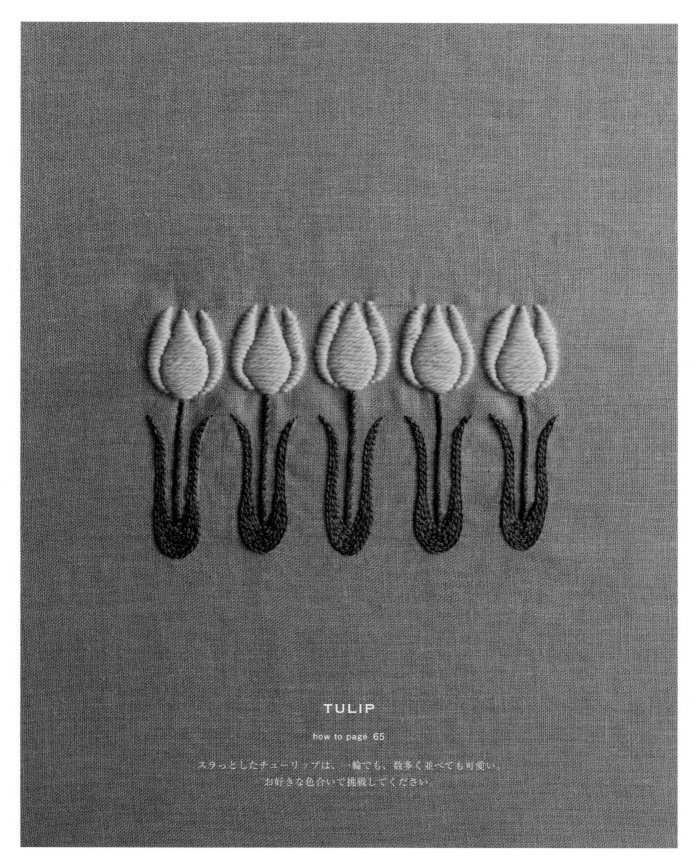

TULIP

how to page 65

スラっとしたチューリップは、一輪でも、数多く並べても可愛い。
お好きな色合いで挑戦してください。

SPRING FLOWER / ミニバッグ

how to page 66

ミモザやパンジーなど、春の花をイメージ。
全面にたっぷり刺繍して、贅沢なミニバッグを作ってみては。

BEE / フラッグガーランド

how to page　68

ウール糸のもこもことした立体感がかわいい、
飛び回る蜂たちの三角フラッグ。

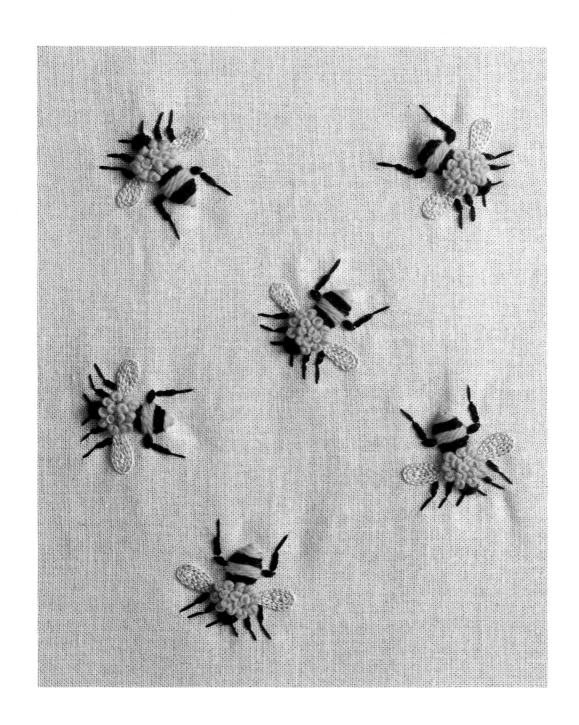

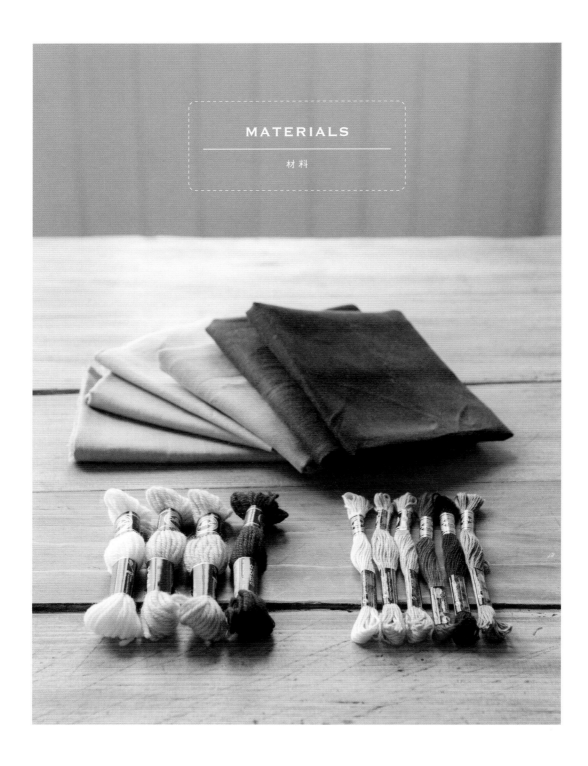

MATERIALS

材料

❧ 刺繍糸について

ウール刺繍糸
- -
ウールでできた分けられない1本糸です。1本取り、もしくは2本取りで使用します。本書ではDMCタペストリーウールを使用。1束の長さは約8mほどあります。ウール糸を洗濯するときは、ドライクリーニングしてください。

25番刺繍糸
- -
細い6本の糸が撚り合わされて、約8mの太い1本になっています。本書ではDMCのものを使用。60cmほどを束からそっと引き出して糸を切り、その糸から必要な本数を1本ずつ優しく引き出してそろえてから使います。
（6）＝6本取りと指定があるときは、3本の引きそろえた糸を針に通し、糸の中央をふたつ折りにして6本にそろえます。4本取り、2本取りも同様です。

刺し始めと刺し終わり
- -
刺し始めの位置は自由です。糸の端を玉結びして刺し始めます。25番刺繍糸は玉止めで始まり、玉止めで終わるようにします。
ウール刺繍糸は玉止めすると裏がごろごろしてしまうので、玉止めしない方法で刺します。
図案からやや離れた場所に糸端を残して、刺し始めの位置に針を出し、刺繍をします。刺繍し終わったら、裏側の刺繍し終えた糸に数か所くぐらせてから糸を切ります。刺し始めの捨て糸も裏側に引き出し、同様に始末します。
洗濯をするものや強度が必要な場合は、ウール糸でも玉止めをしてください。

❧ 布地について

本書ではリネン布地を使っています。しなやかで柔らかなリネンは、刺繍糸との相性がとても良いです。糸目の太さが均一で、細かくそろっているものを選びましょう。初心者には、図案を写しやすい明るい色のものがおすすめです。
リネンを初めて使うときは、縮み防止に必ず水通しをします。たっぷりのぬるま湯や水に数時間から一晩漬けておき、軽めに絞って日陰に干します。乾いたら必ずアイロンをかけ、布目を整えます。

TOOLS

道具

✤ 針

ウール刺繍糸用針

本書では、DMC シェニール針 No.22 またはクロバーリボン刺しゅうシェニール針 No.20 を使用しています。ウール糸を針に通す際は糸通しを使うとよいでしょう。

25番刺繍糸用針

先のとがったフランス刺繍用針を使用します。糸の本数によって針の太さを替えると刺しやすくなります。本書で使用しているクロバーの針の目安をご紹介します。

針の太さ	✤	糸の本数
No.3		6 本取り
No.5		3 〜 4 本取り
No.7		1 〜 2 本取り

✤ その他の道具

1. ピンクッション
先のとがった針はピンクッションに刺して使いましょう。

2. 糸通し
ウール糸を針に通すときにあると便利です。

3. 糸切ばさみ
先が細く、刃の薄いものが使いやすいでしょう。

4. 目打ち
刺繍を刺し直すときに使います。

5. 裁ちばさみ
布を切るときに使います。

6. 刺繍枠
布をぴんと張ってゆがみをとり、糸の引き過ぎを防げます。本書では直径 10cm 〜 15cm のものを使っています。図案のサイズによって使い分けると良いでしょう。

7. セロファン
トレーシングペーパーの破れを防止します。

8. トレーシングペーパー
図案を写すための薄く透けた紙。

9. チョークペーパー
手芸用の複写紙。布に図案を写すときに使います。黒・紺・茶などの濃い色の布地には、白いチョークペーパーがおすすめです。

10. トレーサー
図案をなぞって布地に写すときに使います。ボールペンでも代用できます。

HOW TO MAKE

作り方

❀ 図案の写し方

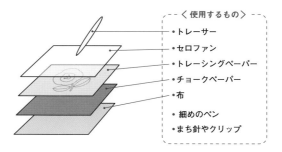

〈使用するもの〉
- ・トレーサー
- ・セロファン
- ・トレーシングペーパー
- ・チョークペーパー
- ・布
- ・細めのペン
- ・まち針やクリップ

1. 本書の刺したい図案にトレーシングペーパーをのせ、細めのペンで写します。

2. 凹凸のない板や机の上に、下から布、チョークペーパー（チャコ面を布地側に向け置く）、1. のトレーシングペーパー、セロファンの順に重ね、まち針やクリップで固定してからトレーサーで図案をやや強めになぞります。

※ チョークペーパーでは、写せない布地（ニット、ウール等の厚手の布地）の場合は、ピーシングペーパーを使用して図案を写しましょう。ピーシングペーパーに図案を写して切り取り、刺繍したい場所にアイロンで接着して刺繍します。刺し終えたら、ピーシングペーパーを優しく破り、取り除きましょう。

❀ 図案の見方

赤字はウール糸、黒字は 25 番糸で刺します。

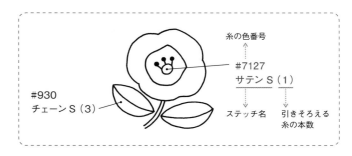

糸の色番号

#7127
サテン S（1）

#930
チェーン S（3）

ステッチ名　引きそろえる
糸の本数

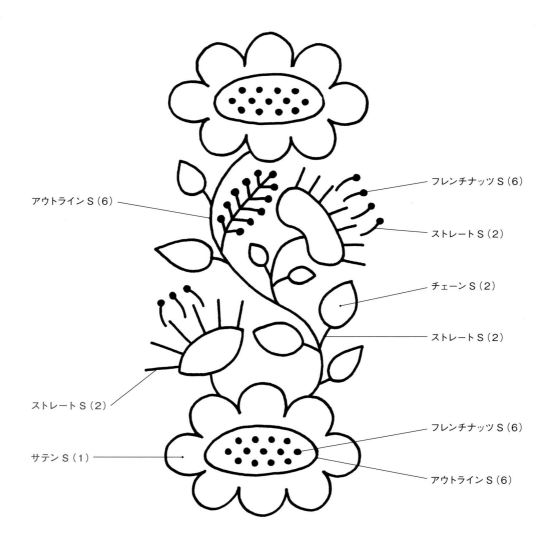

アウトライン S（6）

フレンチナッツ S（6）

ストレート S（2）

チェーン S（2）

ストレート S（2）

ストレート S（2）

サテン S（1）

フレンチナッツ S（6）

アウトライン S（6）

ウール糸は #7336（青）、25番糸は #3750（青）で刺す

P4 は #7336 → #7260（ピンク）、#3750 → #225（ピンク）に替えて刺す

❀ ベルト … size：70 × 8cm
photo page 4

材料
- ウール糸　　#7260（ピンク）/ 3束
- 25番糸　　　#225（ピンク）/ 3束
- 表布　　リネン（紺）/75 × 20cm/ 1枚
- 結びひも　　ベルベットリボン（紺）/4cm 幅× 55cm/ 2本

作り方

1. 表布の表の図の位置に図案を刺繍し、4辺に縫い代1cm を足して裁つ。
2. 中表に二つ折りにし、返し口5cm を残して長辺を縫う。
3. 縫い目が中央にくるように形を整え、図のように左右の端にひもをはさみ込んで縫う。
4. 端の縫い代を 0.5cm 残して切る。
5. 返し口から表に返し、返し口をまつり縫いで縫い合わせる。

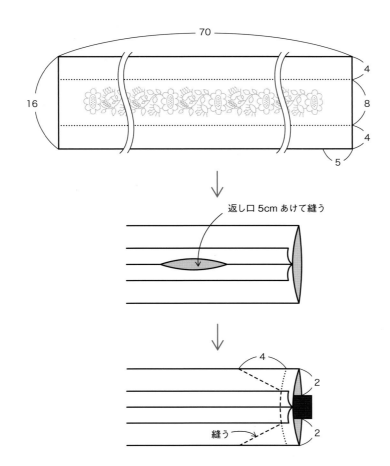

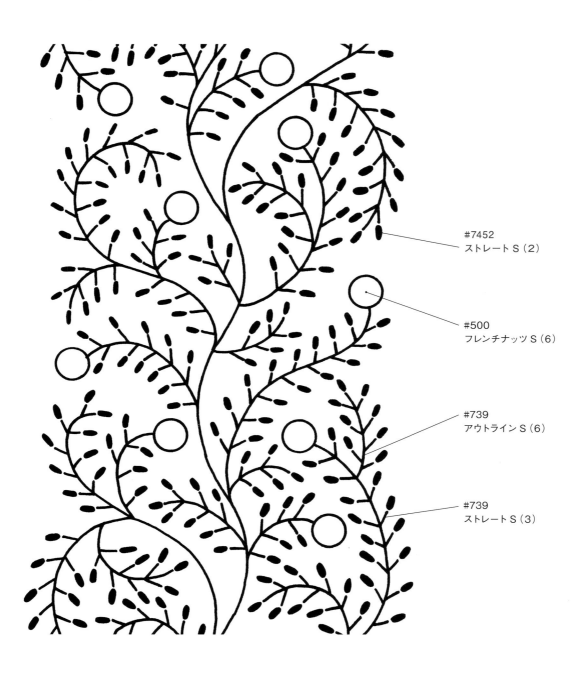

#7452
ストレートＳ（2）

#500
フレンチナッツＳ（6）

#739
アウトラインＳ（6）

#739
ストレートＳ（3）

P6 は #7452 → #7398（緑）、#500 → #739（ベージュ）、#739 → #500（緑）に替えて刺す。

✿ 横長ポーチ ··· size：20×11cm
photo page 6

材料	·ウール糸	#7398（緑）/ 3束
	·25番糸	#500（緑）/ 1束
		#739（ベージュ）/ 2束

·表布　リネン（生成り）/35×25cm/ 1枚
·裏布　リネン（白）/35×25cm/ 1枚
·ひも　（こげ茶）/0.3cm 幅×45cm/ 2本

作り方

1. 表布の表に図案を刺繍し、4辺に縫い代1cmを足して裁つ。

2. 裏布を表布と同サイズに裁つ。

3. 表布と裏布を中表に合わせ、ひも2本を図の位置の内側には
   さみ込み、返し口5cmを残して縫う。

4. 縫い代を0.5cm残して裁つ。

5. 返し口から表に返し、形を整え、ポケット部分を10cm折り、
   左右両端をまつり縫いで縫い合わせる。

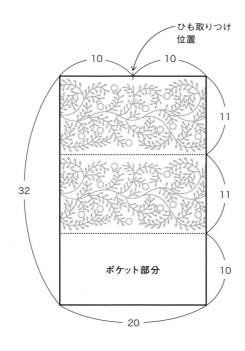

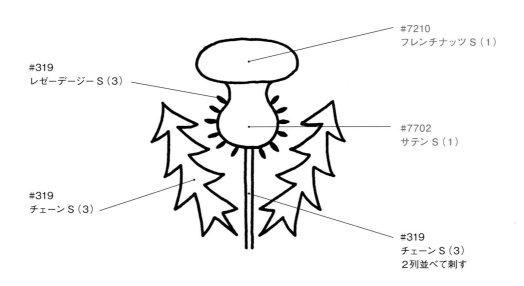

#7210
フレンチナッツ S（1）

#319
レゼーデージー S（3）

#7702
サテン S（1）

#319
チェーン S（3）

#319
チェーン S（3）
2列並べて刺す

❈ ニードルケース … **size：7×7cm**
photo page 6

材料

- ウール糸　#7210（ピンク）/ 1束
　　　　　　#7702（緑）/ 1束
- 25番糸　#319（緑）/ 1束

- 表布　リネン（ピンク or 水色）/20×10cm/ 1枚
- 裏布　リネン（表布に合わせる）/20×10cm/ 1枚
- ひも　ベルベット（ピンク or 水色）/0.7cm幅×20cm/ 2本
- フェルト　（黒）/12×6cm/ 1枚

作り方

1. 表布の表に図案を刺繍し、4辺に縫い代1cmを足して裁つ。
2. 裏布を表布と同サイズに裁つ。
3. 表布と裏布を中表に合わせ、ひも2本を図の位置の内側にはさみ込み、返し口4cmを残して縫う。
4. 縫い代を0.5cm残して裁つ。
5. 返し口から表に返し、形を整え、返し口をまつり縫いで縫い合わせる。
6. 裏側中央にフェルトをのせ、合わせて縫う。

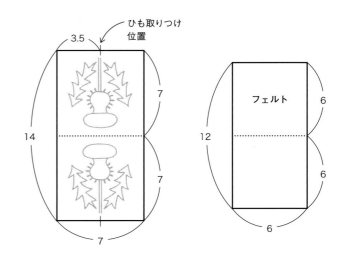

ひも取りつけ位置

3.5

7

7

14

7

フェルト

6

6

12

6

ANEMONE

photo page 10

#7922
サテン S（1）

#7057
サテン S（1）

#310
フレンチナッツ S（6）

#367
チェーン S（3）

#840
チェーン S（3）

ROOSTER

photo page 11

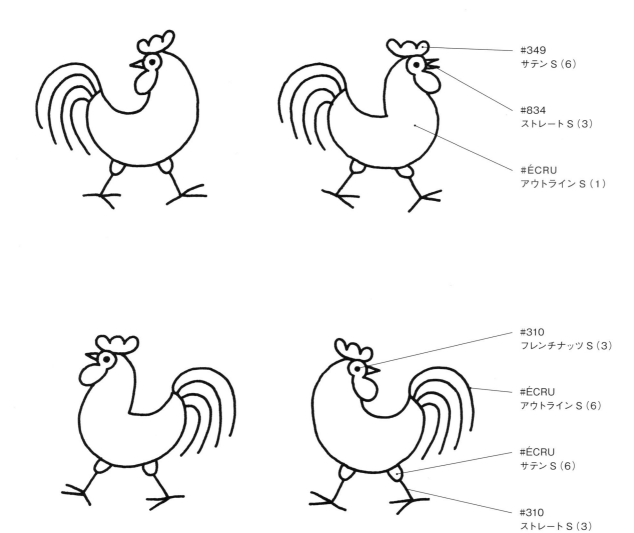

#349
サテン S（6）

#834
ストレート S（3）

#ÉCRU
アウトライン S（1）

#310
フレンチナッツ S（3）

#ÉCRU
アウトライン S（6）

#ÉCRU
サテン S（6）

#310
ストレート S（3）

HOLY NIGHT / クリスマスオーナメント

photo page 12・13

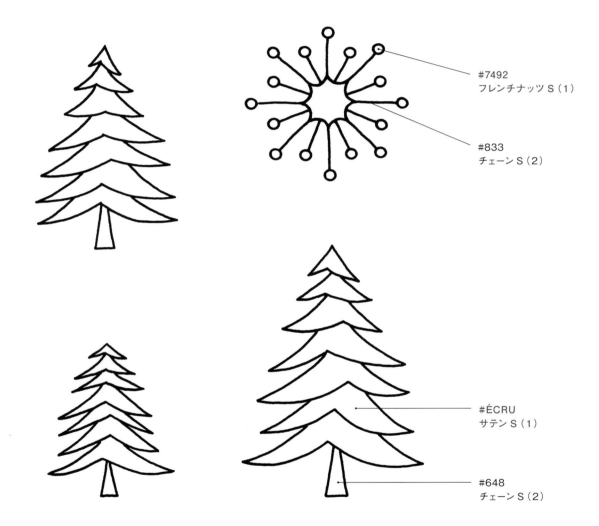

#7492
フレンチナッツ S（1）

#833
チェーン S（2）

#ÉCRU
サテン S（1）

#648
チェーン S（2）

P12 は #7492 → #BLANC（白）、#833 → #B5200（白）に替えて刺す

❀ クリスマスオーナメント・小 … size：15.5 × 13cm
photo page 12

材料	・ウール糸	#BLANC（白）/ 1束	・表布	リネン（黄）/25 × 20cm/ 2枚
	・25番糸	#B5200（白）/ 1束	・裏布	リネン（白）/25 × 20cm/ 2枚
			・ひも	リネン（黄）/3 × 20cm/ 2枚

作り方

1. ひもを2本作る（P69参照）。

2. 表布2枚の表に図案を刺繍する。表布の1面は
   そのまま、もう1面は型紙を反転させて写す。

3. 縫い代1cmを足して裁つ。

4. 表布を中表に合わせ、袋口を残して袋状に縫い
   合わせる。

5. 裏布を表布と同サイズに裁ち、袋口を残して袋
   状に縫い合わせる。

6. 表袋と裏袋の袋口の縫い代1cmを裏側へ折り
   込み、表袋を返し、裏袋を入れる。

7. 表袋と裏袋を図のように合わせ、ひもをはさみ
   込み、袋口の端から0.2cmの位置にミシンス
   テッチをかける。

✻ 型紙（125%拡大）

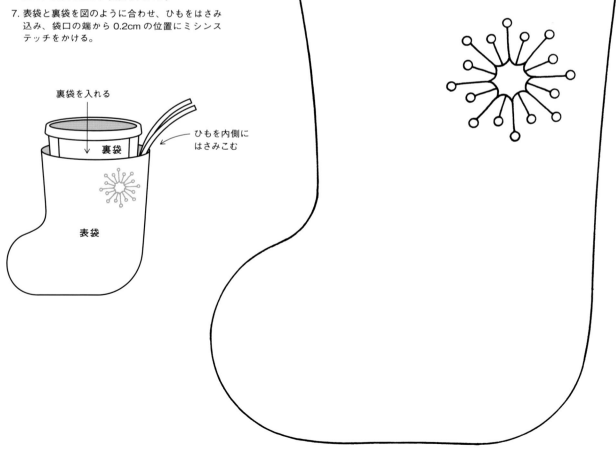

❄ クリスマスオーナメント・大 ⋯ size：35×26cm
photo page 12

材料	·ウール糸	#ÉCRU（生成り）/ 5束		·表布	リネン（紺）/45×35cm/ 2枚
	·25番糸	#648（グレー）/ 1束		·裏布	リネン（白）/45×35cm/ 2枚
				·ひも	リネン（紺）/3×20cm/ 2枚

作り方

P50 の 1.〜7. を参照。

※ 型紙（220%拡大）

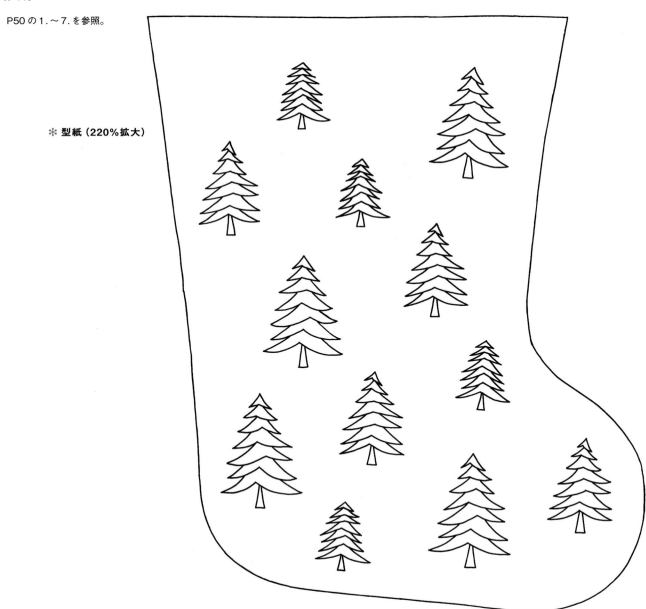

LITTLE FLOWER / ニット帽

photo page 14

<〈グレー〉

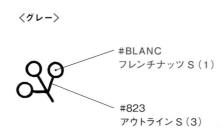

#BLANC
フレンチナッツ S（1）

#823
アウトライン S（3）

〈グリーン〉

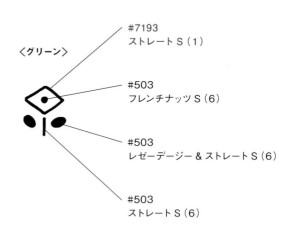

#7193
ストレート S（1）

#503
フレンチナッツ S（6）

#503
レゼーデージー & ストレート S（6）

#503
ストレート S（6）

⚘ ニット帽 … size : 26 × 23cm
photo page 14

材料	〈グレー〉		・ニット帽（グレー or グリーン）　1個
	・ウール糸	#BLANC（白）/ 1束	
	・25番糸	#823（紺）/ 1束	
	〈グリーン〉		
	・ウール糸	#7193（ピンク）/ 1束	
	・25番糸	#503（グリーン）/ 1束	

作り方

1. ニット帽の好みの位置に図案を刺繍する。

※本作品はチャコペーパーで図案を写さず、直接刺繍しています。

MARGUERITE / ファスナーポーチ

photo page 16・17

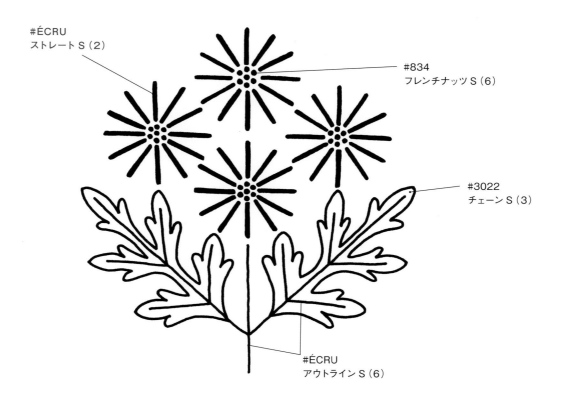

#ÉCRU
ストレートS（2）

#834
フレンチナッツS（6）

#3022
チェーンS（3）

#ÉCRU
アウトラインS（6）

❀ ファスナーポーチ… size：15 × 14cm
photo page 16

材料	・ウール糸	#ÉCRU（生成り）/ 1束		・表布　リネン（黒）/35 × 20cm/ 1枚
	・25番糸	#834（黄）/ 1束		・裏布　リネン（白）/35 × 20cm/ 1枚
		#ÉCRU（生成り）/ 1束		・ファスナー　（黒）/14cm/ 1本
		#3022（緑）/ 1束		・タッセル用糸　ウール糸（黒）/ 1束

作り方

1. 表布の表に図案を刺繍し、4辺に縫い代1cmを足して裁つ。

2. 表布の上端にファスナーを中表に重ね、ファスナーの端0.5cmと表布の上端を縫い合わせる。
   表布を中表に折り、下端も同様にファスナーと縫い合わせる。

3. 表布を中表に合わせ、ファスナーがついている袋口の縫い代1cmを裏側に折り込み、両脇
   を袋状に縫い合わせる。

4. 裏布も同様に裁ち、袋口を残して両脇を縫い合わせる。

5. 裏袋の袋口1cmを裏側へ折り込み、裏袋を表に返し、表袋にかぶせる。

6. 表袋と裏袋の袋口を重ね、まつり縫いで合わせる。

7. 表に返して形を整え、ファスナーにタッセル（P69参照）をつける。

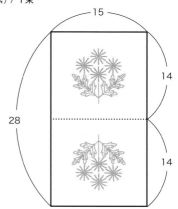

15

14

28

14

FLOWER GARDEN / クッション

❦ **クッション** … **size：32 × 32cm**
photo page 18

材料
- ウール糸　#7034（青）/ 6束
- 25番糸　#3842（青）/ 3束
- 表布　リネン（白）/35 × 70cm/ 1枚
- インナークッション　35 × 35cm/ 1個

作り方

1. 表布の表に図案を刺繍し、4辺に縫い代1cmを足して裁つ。

2. 中表に二つ折りにし、返し口15cmを残して縫い合わせる。

3. 2.の縫い目が中央にくるように折り、上下の端をそれぞれ縫い合わせる。
   縫い代はジグザグミシンをかけておく。

4. 返し口から表に返し、インナークッションを入れ、返し口をまつり縫いで
   縫い合わせる。

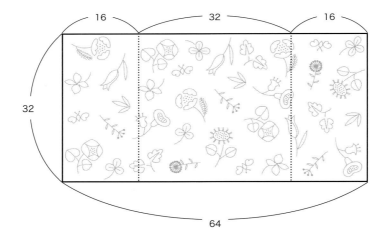

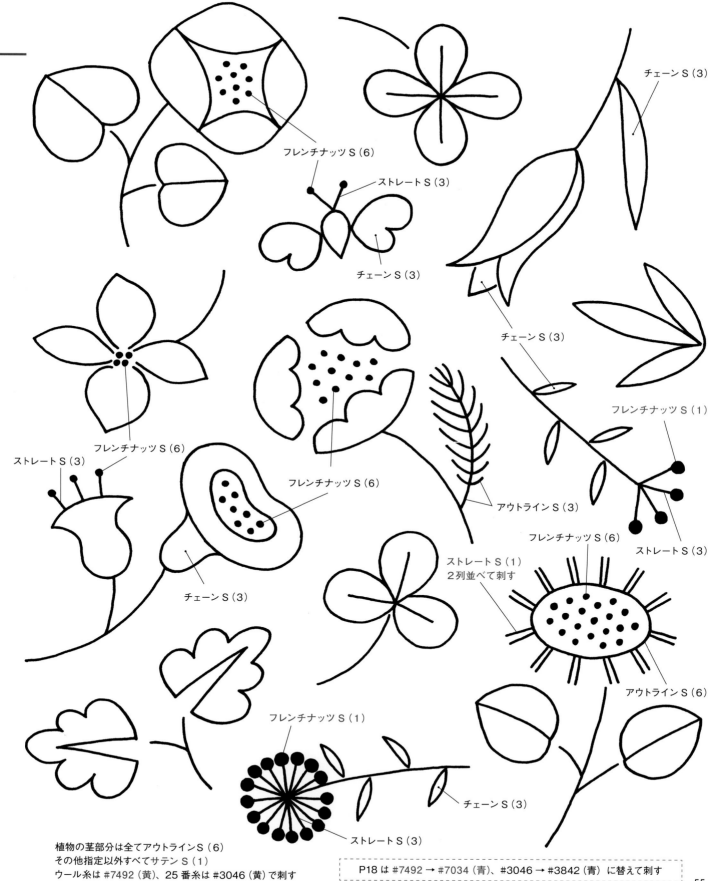

チェーンS（3）

フレンチナッツS（6）

ストレートS（3）

チェーンS（3）

チェーンS（3）

フレンチナッツS（6）

ストレートS（3）

フレンチナッツS（6）

フレンチナッツS（6）

アウトラインS（3）

フレンチナッツS（1）

ストレートS（3）

チェーンS（3）

ストレートS（1）
2列並べて刺す

フレンチナッツS（6）

アウトラインS（6）

フレンチナッツS（1）

チェーンS（3）

ストレートS（3）

植物の茎部分は全てアウトラインS（6）
その他指定以外すべてサテンS（1）
ウール糸は#7492（黄）、25番糸は#3046（黄）で刺す

P18は #7492 → #7034（青）、#3046 → #3842（青）に替えて刺す

#3777
フレンチナッツ S（6）

#3777
ストレート S（3）

#823
チェーン S（2）
2列並べて刺す

#7626
サテン S（1）

#7127
サテン S（1）

#930
チェーン S（3）

#823
チェーン S（3）

P20 は #7626 → #ÉCRU（生成り）に替えて刺す。

✤ トートバッグ … size：26 × 20cm
photo page 20

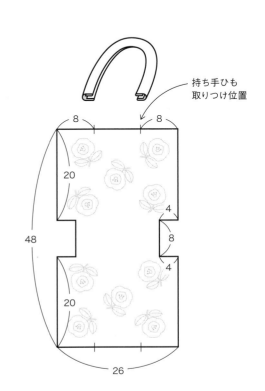

持ち手ひも
取りつけ位置

材料	・ウール糸	#7127（赤）/ 1束
		#ÉCRU（生成り）/ 3束
	・25番糸	#823（紺）/ 2束
		#930（青）/ 1束
		#3777（赤）/ 1束
	・表布　リネン（グレー）/55 × 30cm / 1枚
	・裏布　リネン（グレー）/55 × 30cm / 1枚
	・持ち手ひも　リネン（生成り）/8 × 30cm/ 2枚

作り方

1. 持ち手ひもを2本作る（P69 参照）。

2. 表布の表に図案を刺繍し、縫い代を1cm足して裁つ。

3. 表布を中表に二つ折りにし、両脇とマチをミシンで縫い合わせる。

4. 裏布を表布と同じサイズに裁ち、両脇とマチを縫い合わせる。

5. 表袋と裏袋の袋口の縫い代を1cm内側へ折り込み、表袋を返し、裏袋を入れる。

6. 表袋と裏袋の袋口を重ね、持ち手ひもを図の位置の内側にはさみ込み、袋口の端から
　 0.2cmの位置にミシンステッチをかける。

CANDY / カーディガン

photo page **22・23**

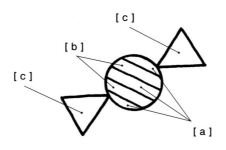

[a][b]… サテンS（1）
　　　　2本ずつ交互に刺す

[c]… 芯入りサテンS（6）

[a]	×	[b]	×	[c]
#7205（ピンク）		#ÉCRU（生成り）		#3687（ピンク）
#ÉCRU（生成り）		#7205（ピンク）		#ÉCRU（生成り）
#7033（青）		#7010（オレンジピンク）		#334（青）
#7010（オレンジピンク）		#7033（青）		#758（オレンジピンク）
#7594（水色）		#7452（ベージュ）		#3752（水色）
#7452（ベージュ）		#7594（水色）		#842（ベージュ）
#7034（紺）		#7503（黄）		#311（紺）
#7503（黄）		#7034（紺）		#834（黄）

❦ カーディガン
photo page 22

材料	・ウール糸　　上記参照 / 各1束	・子ども用カーディガン　（白 or 紺）/ 1着
	・25番糸　　上記参照 / 各1束	

作り方

1. カーディガンの好みの位置に図案を刺繍する。

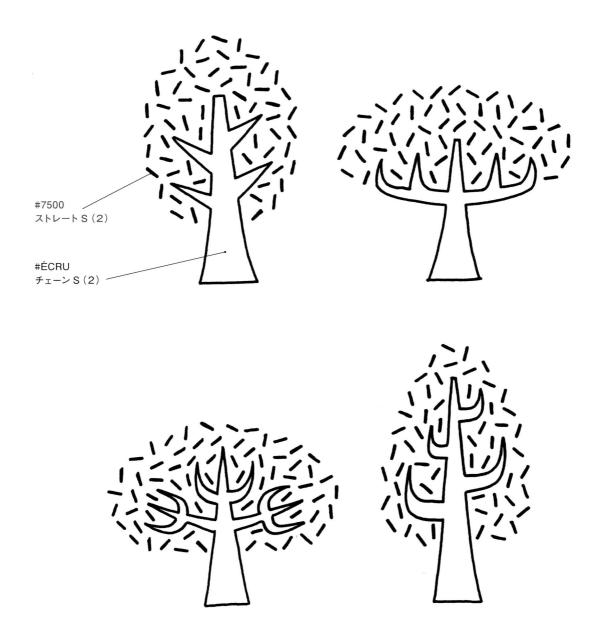

#7500
ストレートＳ（２）

#ÉCRU
チェーンＳ（２）

✿ ティーポットカバー … size : 20 × 29cm
photo page 24

材料	・ウール糸　#7500（生成り）/ 6束	・表布　リネン（茶）/35 × 25cm/ 2枚
	・25番糸　#ÉCRU（生成り）/ 2束	・裏布　キルト生地（生成り）/35 × 25cm/ 2枚
		・タッセル用糸　ウール糸（茶）/ 1束

作り方

1. タッセルを作る（P69 参照）。
2. 表布 2 枚の裏面に型紙を写し、表に図案を刺繍し、縫い代 1 cm を足して裁つ。
3. 表布を中表に合わせ、両脇を袋状に縫う。
4. 縫い代を 0.5 cm 残して裁つ。このときカーブ部分の縫い代に切込みを入れるときれいに仕上がる。
5. 裏布を返し口 5 cm 残して表布同様に袋状に縫う。
6. 表袋と裏袋を中表に合わせ、袋口を縫い合わせる。
7. 返し口から表に返して形を整え、返し口をまつり縫いでとじる。
8. 上部中央にタッセルを縫いつける。

※使用するポットによって形が異なります。型紙の大きさを確認してお作りください。

✿ 型紙（200%拡大）

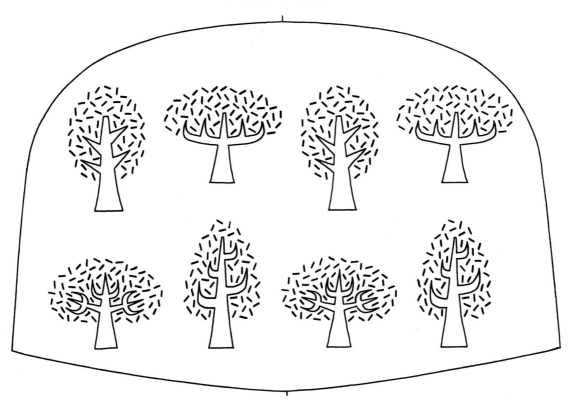

#7922
フレンチナッツ S（1）

#3808
レゼーデージー＆ストレート S（6）

#924
アウトライン S（3）

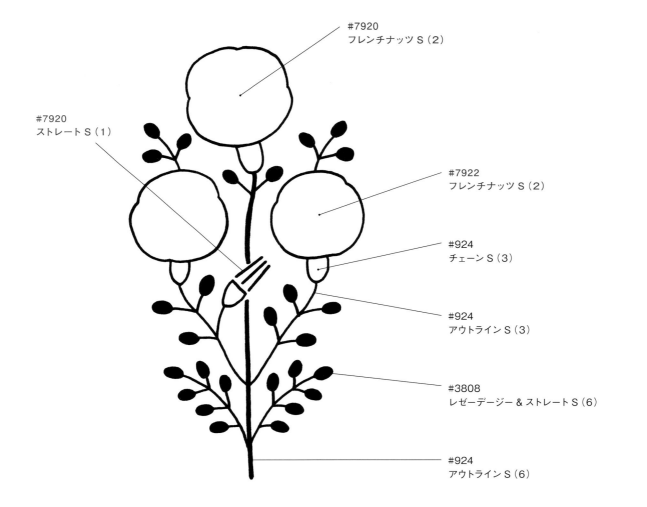

#7920
フレンチナッツ S（2）

#7920
ストレート S（1）

#7922
フレンチナッツ S（2）

#924
チェーン S（3）

#924
アウトライン S（3）

#3808
レゼーデージー＆ストレート S（6）

#924
アウトライン S（6）

DAISY / 巾着

photo page **26**

#7321
フレンチナッツ S（1）

#520
レゼーデージー ＆ ストレート S（6）

#890
アウトライン S（3）

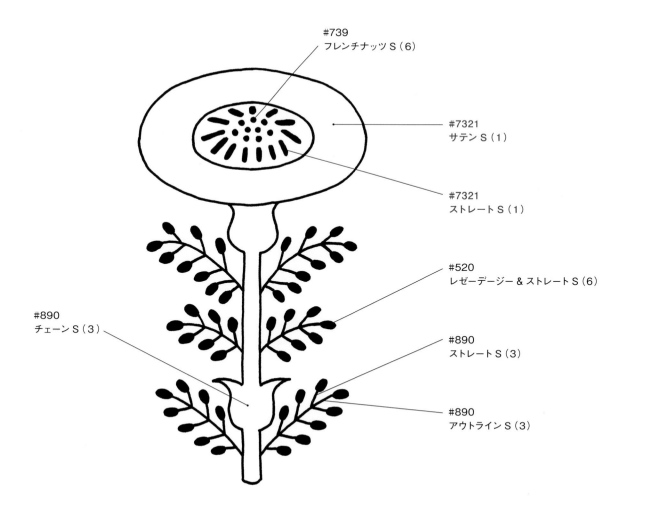

#739
フレンチナッツ S（6）

#7321
サテン S（1）

#7321
ストレート S（1）

#520
レゼーデージー ＆ ストレート S（6）

#890
チェーン S（3）

#890
ストレート S（3）

#890
アウトライン S（3）

❧ 巾着 … **size : 20 × 13cm**
photo page 26

材料

〈DAHLIA〉
- ・ウール糸　#7920（朱色）/ 1束
　　　　　　#7922（オレンジ）/ 2束
- ・25番糸　#924（青）/ 1束
　　　　　　#3808（青緑）/ 1束

〈DAISY〉
- ・ウール糸　#7321（グレー）/ 1束
- ・25番糸　#890（グリーン）/ 1束
　　　　　　#520（ミント）/ 1束
　　　　　　#739（クリーム）/ 1束

〈DAHLIA〉
- ・表布　リネン（ベージュ）/55×20cm/ 1枚
- ・裏布　リネン（ベージュ）/35×20cm/ 1枚
- ・ひも　（ベージュ）/0.3cm幅×40cm/ 2本

〈DAISY〉
- ・表布　リネン（赤茶）/55×20cm/ 1枚
- ・裏布　リネン（赤茶）/35×20cm/ 1枚
- ・ひも　（茶）/0.3cm幅×40cm/ 2本

作り方

1. 表布の表に図案を刺繍し、4辺に縫い代1cmを足して裁つ。
2. 表布を中表に二つ折りにし、ひも通し口を残して両端を縫う。
3. 表袋を袋口から表に返し、形を整え、上端を6cm内側へ折り込む。
4. 裏布も同様に袋状にする。
5. 裏袋の袋口の縫い代を内側へ折り込み、表袋に入れる。
6. 上端から6cmの位置に裏袋を合わせ、1周ミシンステッチをかける。
7. ひも通し口の上端にも1周ミシンステッチをかける。
8. ひも通し口にひもを通して結ぶ。

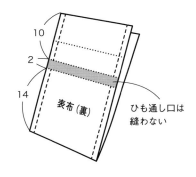

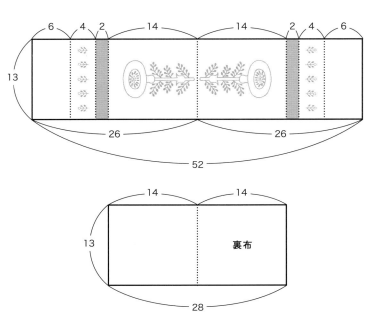

PIGEON / ギフトカード

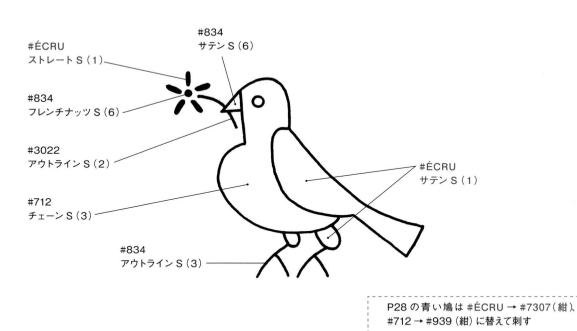

#ÉCRU
ストレートS（1）

#834
サテンS（6）

#834
フレンチナッツS（6）

#3022
アウトラインS（2）

#712
チェーンS（3）

#834
アウトラインS（3）

#ÉCRU
サテンS（1）

> P28 の青い鳩は #ÉCRU → #7307（紺）、
> #712 → #939（紺）に替えて刺す

❈ ギフトカード … size：14.5 × 14.5cm
photo page 28

材料

〈白い鳩〉
- ・ウール糸　#ÉCRU（生成り）/ 1束
- ・25番糸　#712（白）/ 1束
　　　　　 #834（黄）/ 1束
　　　　　 #3022（緑）/ 1束

〈青い鳩〉
- ・ウール糸　#7307（紺）/ 1束
- ・25番糸　#939（紺）/ 1束
　　　　　 #834（黄）/ 1束
　　　　　 #3022（緑）/ 1束

- ・表布　リネン（黒 or 白）/12 × 12cm/ 1枚
- ・厚紙　（白）/大きい紙 /14.5 × 29cm/ 1枚
　　　　　　　 小さい紙 /14.5 × 14.3cm/ 1枚
- ・木工用ボンド

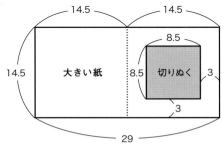

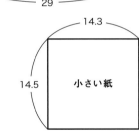

作り方

1. 表布の表に図案を刺繍する。

2. 大きい紙を中央で二つ折りにし、右半分の中央にカッターで窓を開ける。

3. 窓から刺繍がのぞくように表布と重ね、木工用ボンドを塗った小さい紙を裏から貼って固定する。

4. 刺繍を潰さないように重しをして、乾かす。

※厚紙を折る時は、折り線にカッターの背やインクの出ないボールペンで筋をつけます。

LEAF

photo page 30

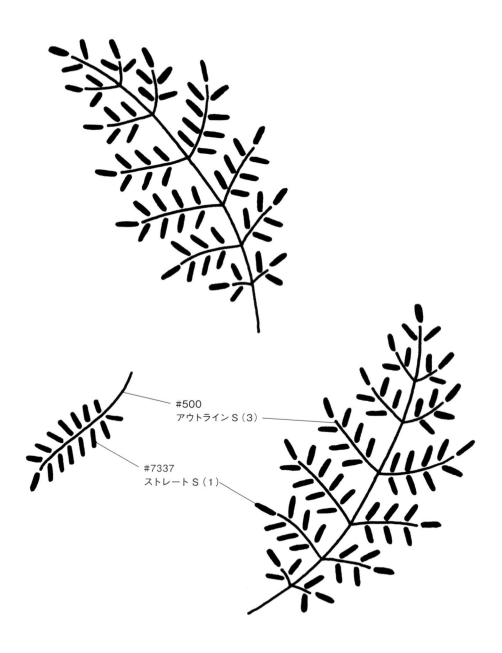

#500
アウトラインＳ（３）

#7337
ストレートＳ（１）

TULIP

photo page **31**

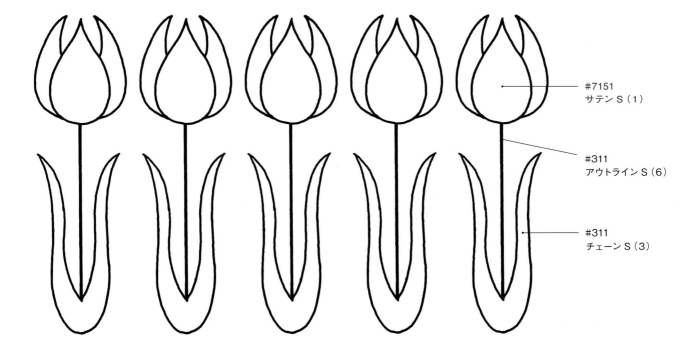

#7151
サテン S（1）

#311
アウトライン S（6）

#311
チェーン S（3）

SPRING FLOWER / ミニバッグ

photo page 32・33

❀ ミニバッグ … size：25 × 18cm
photo page 32

材料	・ウール糸	#7785（黄）/ 2束
		#7398（ダークグリーン）/ 1束
		#7396（モスグリーン）/ 1束
		#7039（グレーグリーン）/ 1束
		#BLANC（白）/ 1束
		#7307（紺）/ 1束
	・25番糸	#3022（緑）/ 1束
		#3790（ベージュ）/ 1束
		#ÉCRU（生成り）/ 1束
		#823（紺）/ 1束

・表布　リネン（生成り）/40 × 30cm/ 1枚
・裏布　リネン（白）/40 × 30cm/ 1枚
・持ち手ひも　リネン（生成り）/ 5 × 30cm/ 2枚

作り方

1. 持ち手ひもを 2本作る（P69 参照）。

2. 表布の表に図案を刺繍する。

3. 4辺に縫い代 1cm を足して裁つ。

4. 表布を中表に合わせ、袋口を残して袋状に縫い合わせる。

5. 裏布を表布と同サイズに裁ち、袋口を残して袋状に縫い合わせる。

6. 表袋と裏袋の袋口の縫い代 1cm を裏側へ折り込み、表袋を返し、裏袋を入れる。

7. 表袋と裏袋の袋口を重ね、持ち手ひもをはさみ込み、袋口の端から 0.2cm の位置に
   ミシンステッチをかける。

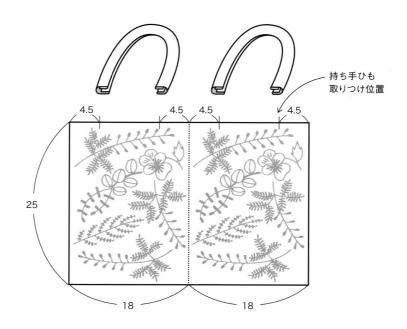

持ち手ひも
取りつけ位置

4.5　　4.5　　4.5　　4.5

25

18　　　18

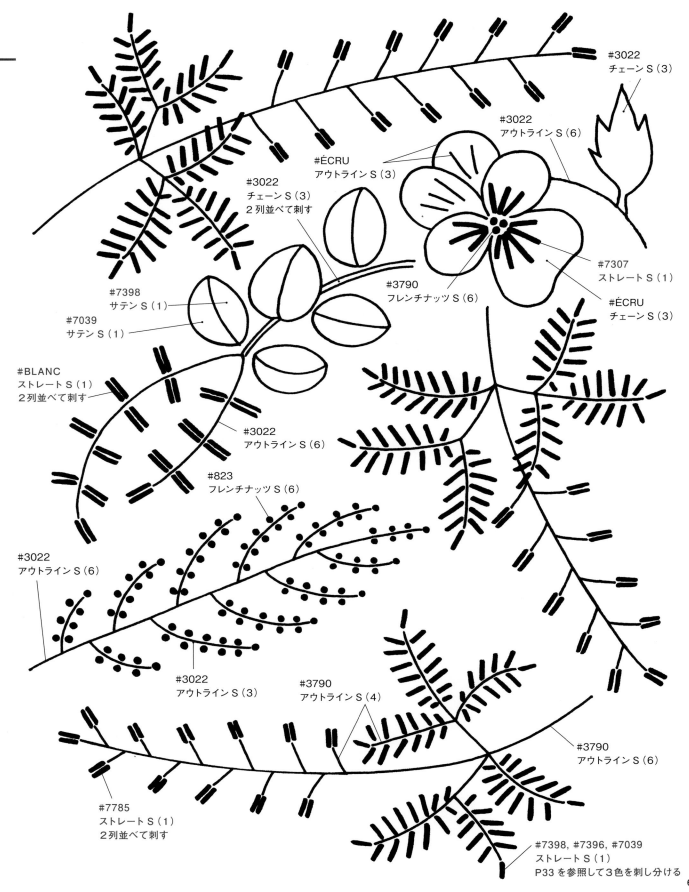

#3022
チェーンS（3）

#3022
アウトラインS（6）

#ÉCRU
アウトラインS（3）

#3022
チェーンS（3）
2列並べて刺す

#3790
フレンチナッツS（6）

#7307
ストレートS（1）

#ÉCRU
チェーンS（3）

#7398
サテンS（1）

#7039
サテンS（1）

#BLANC
ストレートS（1）
2列並べて刺す

#3022
アウトラインS（6）

#823
フレンチナッツS（6）

#3022
アウトラインS（6）

#3022
アウトラインS（3）

#3790
アウトラインS（4）

#3790
アウトラインS（6）

#7785
ストレートS（1）
2列並べて刺す

#7398, #7396, #7039
ストレートS（1）
P33を参照して3色を刺し分ける

BEE / フラッグガーランド

photo page **34・35**

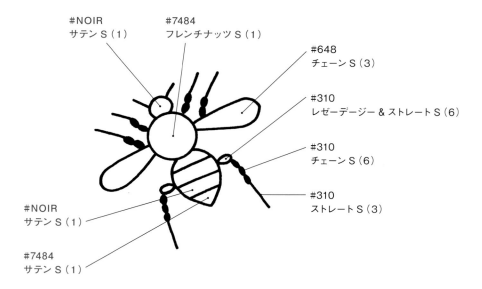

#NOIR
サテンS（1）

#7484
フレンチナッツS（1）

#648
チェーンS（3）

#310
レゼーデージー＆ストレートS（6）

#310
チェーンS（6）

#310
ストレートS（3）

#NOIR
サテンS（1）

#7484
サテンS（1）

✤ **フラッグガーランド** … **size：13 × 11cm**
photo page 34

材料	・ウール糸	#7484（黄）/ 1束	・表布　リネン（白）/20 × 15cm/ 1枚
		#NOIR（黒）/ 1束	・裏布　リネン（白）/20 × 15cm/ 1枚
	・25番糸	#310（黒）/ 1束	・鈴　（ゴールド）/1個
		#648（グレー）/ 1束	・ひも　白糸 / 適量

作り方

1. 表布の表に図案を刺繍し、縫い代1cmを足して裁つ。
2. 裏布を表布と同じように裁ち、表布と中表に合わせ、返し口3cmを残して縫う。
3. 縫い代を0.5cm残して裁ち、返し口から表に返す。
4. 形を整え、返し口をまつり縫いでとじる。
5. 必要枚数を作り、角を布と同色の糸で縫いつなぐ。先端に鈴を縫いつける。

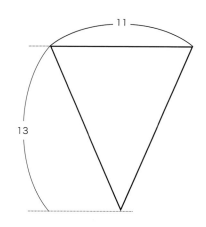

11

13

ひも・持ち手ひもの作り方

1. 布を指定のサイズにカットする。

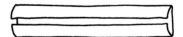

2. 1/4 ずつ内側へ折る。

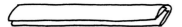

3. 半分に折る。

4. 端にミシンステッチをかける。

ウール糸タッセルの作り方

1. ウール糸の束から 30cm と 15cm の糸を切り出し、30cm の糸を針に通す。15cm の糸は輪にして端を固結びする。

2. ウール糸の束の中央に 1 で作った輪の結び目をはさみ、30cm の糸を巻きつけ、針を通して固定する。

3. 2 の束の輪の糸を持ち、中央から二つ折りにする。

4. 束の折ってある中央から 1.5cm の位置に 30cm の糸を 3〜4 回巻きつけて針で固定する。

5. 束に紙を巻いて、好みの長さに切りそろえる。

STITCH INDEX　基本のステッチ

STRAIGHT STITCH
ストレート　ステッチ

基本のステッチ。主に短い線を描くときに使います。ウール糸では、葉や花びらなどの図案に使用しています。

CHAIN STITCH
チェーン　ステッチ

太めの曲線を描くときに使用します。面を埋めるのにも適しています。先にフチ部分を刺してから、中を埋めていきます。

LAZY DAISY STITCH
レゼーデージー　ステッチ

花びらなど小さな模様を描くときに使います。

OUTLINE STITCH
アウトライン　ステッチ

長い線を描くときに使います。同じ針穴に刺し戻すように刺していきます。曲線部分を刺すときは、細かめに刺すことで線がなめらかになります。

SATIN STITCH
サテン　ステッチ

糸を平行に並べて面を埋めるステッチ。ウール糸だと扱いやすいステッチです。

FRENCH KNOT STITCH
フレンチ　ナッツ　ステッチ

結び目のステッチ。針に糸を2回巻き、針を出した穴から1mmほど離れた位置に針を入れ、優しく糸を引き絞り、根元を指で押えながら針を刺し通します。糸の本数で大きさを調整します。適したサイズの針を使いましょう。

LAZY DAISY STITCH & STRAIGHT STITCH
レゼーデージー　&　ストレート　ステッチ

レゼーデージーステッチの上にかぶせるようにストレートステッチを刺します。ボリュームのある楕円を描くことが出来ます。

✤ 刺繍のポイント

✤ 布に下絵を写す

せっかく写した下絵ですが、刺繍している間に手や布の摩擦で消えることがあります。下絵を一度に沢山写さず、まずは刺繍枠に入る範囲で写すとよいでしょう。消えかけた下絵はチャコペンシルなどで書き足すことも出来ます。

✤ サテンステッチで放射状の花を刺す

下絵の外側の輪郭線上から糸を出し、中央に向けて内側の輪郭線上に針を入れ刺していきます。下絵にチャコペンシルなどでガイドラインを書いておくと刺しやすいです。

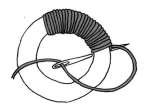

✤ チェーンステッチで角を刺す

チェーンステッチで角を刺すには、1度ステッチを終わらせて、最後の目の中から再び刺し始めるときれいに角が描けます。

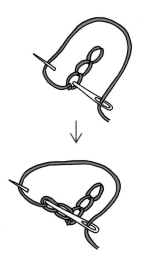

✤ 刺し始めの位置と順番

特に刺し始めの位置や順番は決まっていません。好きな場所から刺し始めてください。フレンチナッツステッチは、つぶれないよう最後に刺してください。

✤ 芯入りサテンステッチの刺し方

25番刺繍糸でサテンステッチを刺す際、アウトラインステッチで輪郭を縁取ってから、その上を被せるようにサテンステッチを刺すとボリュームも出て、きれいに刺せます。

✤ 面を埋める

フレンチナッツステッチやチェーンステッチなどで面を埋める場合、図案の輪郭から刺し始め、内側に向かって埋めていくように刺しましょう。その際、なるべく図案線の内側を刺すようにするのがポイントです。

✤ アイロンのかけ方

アイロンは下絵のチャコペーパーの線を消した後、刺繍を潰さないよう刺繍糸を避けてかけてください。

著者

樋口 愉美子
Yumiko Higuchi

刺繍作家。多摩美術大学卒業後、ハンドメイドバッグ
デザイナーとして活動。作品販売や作品展を行なう中、
刺繍に強く惹かれ、刺繍作家として活動を始める。植
物や昆虫など生物をモチーフにしたオリジナルの刺繍
を制作、SNSなどでも数多く発表している。主な著書
に『1色刺繍と小さな雑貨』『2色で楽しむ刺繍生活』
(ともに文化出版局)など。
http://yumikohiguchi.com/

材料提供

ディー・エム・シー株式会社
東京都千代田区神田紺屋町13番地 山東ビル7F
TEL.03-5296-7831　　FAX.03-5296-7833
http://www.dmc.com

撮影協力

Studio LaMOMO
http://studiolamomo.com/

AWABEES/UTUWA
http://www.awabees.com/

Staff

撮影　　　　　　　　佐久間 ナオヒト(ひび写真事務所)
撮影協力　　　　　　鈴木 貴子(ひび写真事務所)
テクニックイラスト　横田 藍子
ブックデザイン　　　清水 裕子
企画編集　　　　　　手塚 小百合(gris)

新装版 **WOOL STITCH**

著者　　樋口 愉美子
編集人　石田 由美
発行人　倉次 辰男
発行所　株式会社主婦と生活社
　　　　〒104-8357 東京都中央区京橋3-5-7
　　　　https://www.shufu.co.jp/
　　　　編集代表　TEL.03-3563-5361　FAX.03-3563-0528
　　　　販売代表　TEL.03-3563-5121
　　　　生産代表　TEL.03-3563-5125
印刷・製本　株式会社東京印書館